July

7월

나를 미워한다는 건,
결국 사랑한다는 말이야

6월 30일

———— · ————

가장 위대한 책은
바로 나 자신이다.
한 페이지 한 페이지
모든 인생의 희로애락를
기록해놓은.

7월 1일

———•———

인간은 혼자 있는 시간에
가장 많이 성장한대.
그러니 고독에 익숙해지자.
깊은 산속에 혼자 서 있는
돌바위처럼.

6월 29일

———————·———

어둠을 그리려면 빛을 그려야지요.
빛을 그리려면 어둠을 그려야 하고.
꼭 인생 같지요.

슬플 때가 있어야
즐거울 때가 있는 것처럼
저는 지금 좋은 때를
기다리고 있어요.*

*밥 로스

7월 2일

나 자신이 유독 못나 보인다는 건
내가 많이 지쳤다는 뜻이야.
그때가 바로 내 마음에 물을 줄 때.
쉬자. 그런 의미에서
오늘 밤 산책 어때?

6월 28일

———·———

최선을 다한다는 건
모든 것을
소진하라는 말이 아니야.
후회하지 않을 만큼만,
딱 그만큼만 했다면
넌 이미 최선을 다한 거야.

7월 3일

———————•———————

내 성격은 왜 이럴까 싶다면,
성격을 바꾸려고 하지 말고
습관을 바꾸면 된다.
습관은
성격의 90%를 좌우하니까.

6월 27일

———•———

누구에게나 한 번의 기회는 온다.
다만 그것이 기회인지
못 알아볼 뿐이다.
항상 열려 있자.
기회를 내 것으로 만들기 위해.

7월 4일

우울할 땐 바른 자세를 유지하자.
등에 힘을 주고, 곧게 앉아서
폐 깊숙한 곳까지 숨을 불어넣자.

6월 26일

·

항구에 매여 있는 배가
되지 말자.
거친 바다로 떠나자.
일단 떠나면
어떻게든 될 거야.

7월 5일

·

자기 가치를 인정받은 사람은
발톱을 드러내지 않는다.
오늘 타인의 가치를 알아봐주자.
그것이 내가 존중받는 비법이다.

6월 25일

————— · —————

점심때는
창밖의 풍경을 바라보며
멍때려보자.
사과나무를 보며
멍때리다
중력을 발견한
뉴턴이 되어보자.

7월 6일

뿌리 깊은 나무는 가뭄을 안 탄다.
땅속 깊이 뿌리 내린 나무는
가뭄도 지진도,
그 어떤 시련도 견딜 수 있어.
우리 인생도
뿌리 깊은 나무와 같길….

6월 24일

매일 3시간씩 10년만 해도
1만 시간이 된대.
아무리 못해도
1만 시간 동안 한 분야만 파면
그 분야 전문가가 될 수 있다는 말,
희망적으로 들리지 않아?

7월 7일

————— • —————

나를 미워한다는 건
결국에는
사랑한다는 말이야.

6월 23일

——— · ———

기분이 저기압일 땐
고기 앞으로 가자.
우울한 날 추천해줄
좋은 곡이 있을까요?

그럴 때는
소곡이나 돼지곡이가 좋습니다.

7월 8일

———•———

해야 할 일이 너무 많아
마음이 복잡할 때는
오늘 '지금 바로
내가 꼭 해야 할 일'만 생각하자.

6월 22일

———— • ————

아침에 마시는
커피의 첫 한 모금에도
천국이 있다.
오늘 나는 살아 있고,
나는 괜찮다.

7월 9일

쉬운 일을 어려운 일처럼,
어려운 일을 쉬운 일처럼 대하라.
전자는 자신감이 잠들지 않게
후자는 자신감을
잃지 않기 위함이다.[*]

* 발타자르 그라시안

6월 21일

아침 1분
자연의 소리를 들으며
명상을 해본다.
무더운 여름 밤
시골 마당의 평상에 누워
개굴개굴 소리를
듣고 있다고 상상하면서.

7월 10일

———— • ————

태양도 하루 종일 일하다
퇴근하면서
아름다운 노을이 되듯이
오늘 하루 고생한 나도
찬란하게 빛나는 노을처럼
퇴근하는 거야.

6월 20일

———— · ————

무서워서 무서운 게 아니야.
잘 모르니까 무서워 보이는 거야.
어둠에 빛을 비춰보면
아무것도 아니라는 걸
알게 되는 것처럼.

7월 11일

———————•———————

때로는 내용보다
형식이 훨씬 중요해.
무슨 말을 하는지보다
태도가 중요하듯이.
오늘은 반듯한 옷을 입고
출근해보자.
좀 다른 성격의 내가
튀어나올지도 몰라.

6월 19일

———— · ————

사람들 사이에서 버거울 때
이렇게 말해보자.
'갈등은 좋은 거야.
갈등이 없다면
어디서 인생을 배울 수 있겠니?'

7월 12일

———•———

마음과 근육은 연결돼 있어.
주 5회 30분 이상
땀이 나는 운동을 하자.
행복해지고 싶으면
그렇게 운동을 생활화하자.

6월 18일

— · —

실수를 저질렀을 때
저는 보통
속으로 '헤헷 죄송함다'라는
혼잣말을 합니다.

7월 13일

——— • ———

불행한 일 속에
기쁜 일이 숨어 있다는 걸
알아채는
몇 안 되는 소수가 되자.

6월 17일

———·———

잘 안 될 때는
반복해보자.
한 번, 두 번, 세 번······.
쉬지 않고 흘러서
돌을 뚫는
작은 물방울처럼.

7월 14일

———— · ————

우아하게 산다는 건
오늘 닥친 불행을
과장하지 않는
'차분함'.

6월 16일

귀여움은 만병통치약.
일하기 싫을 때도
"우웅…하기 싫은뎅…."
하고 귀엽게 말해봐.
나 자신이 귀여워져서
다시 힘을 낼 수 있어.

7월 15일

———·———

다이아몬드도 쓰레기통에서는
빛나지 않습니다.
정신이 가난한 사람들과 있으면
당신도 가난해지죠.
주변이 쓰레기통 같다면
그곳에서 나오세요.
세상은 밝습니다.

6월 15일

———•———

인생이 힘들 때 꿀팁.

무한 긍정 노홍철 정신.
군대 갈 때
'아싸~ 2년간 캠핑 간다'고 했다는
그를 생각하며
"한번 가보는 거야"라고
외치자.

7월 16일

운수 좋은 날은 행복을 주고
운수 더러운 날은
멘탈을 탄탄하게 하고
불행이 치닫는 날엔
깨달음을 얻고
이를 해결하는 날엔
비전을 얻는다.

6월 14일

———— • ————

책을 읽는 사람과
읽지 않는 사람은
직업이 똑같아도,
출발선이 똑같아도,

10년 후 삶의 격이 달라져.

7월 17일

———•———

코로 크게 한번 숨을 들이쉬고
입으로 내뱉으면서 말해보자.
"오늘 내가 살아 있다는 건
얼마나 큰 행운인지!"

6월 13일

———·———

하기 싫은 일을 해야 할 때
턱 괴고, 초점 없이
"재밌네"라고 중얼거려봐.
은근 기분 좋아지고,
다시 할 일을 시작하게 돼.

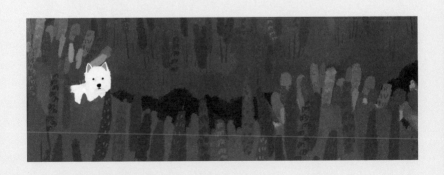

7월 18일

좋은 기분은
물과 음식 같은 생필품.
나 자신에게
좋은 기분을 선물하자.
'넌 잘될 수밖에 없는 사람이야'라고
말해주자.

6월 12일

———— • ————

언제나 구원은 셀프.
하늘은
스스로 돕는 자 가운데
악바리만을 돕는다.

7월 19일

———— · ————

나 자신과의 약속을
지켜낸다는 건
스스로에게
존중과 사랑과 경의를
표하는 일.

6월 11일

———·———

웃는 사람에게는
행운이 따라다녀.
그러니까 웃자.
힘들어도 웃어보자.
그게 나를 지켜줄 거야.

7월 20일

———— • ————

'미쳐야 미친다'는 건
어쩔 수 없는 진리.

정말 잘하고 싶다면,
그 일에 오래도록
꾸준히
미치는 수밖에.

6월 10일

———— · ————

되는 일이 없는 게 아니야.
그 속에서도
분명 뭔가 되고 있는 거야.
파란색으로 보여도
그 안에 분명 붉은색이
들어 있는 것처럼.

7월 21일

———— • ————

"잘될 거야"라고
먼저 말하자.
그러고 나서
잘될 수 있는 방법을 찾자.

6월 9일

가슴에 응어리가 있다면
소리 질러도 돼.
"왜 이렇게 세상이
나를 못살게 굴어!"라며
쏟아내도 괜찮아.
이것도 마음을 다스리는
방법이니까.

7월 22일

— • —

"이건 안 돼!"라고 말하기 전에
'어떻게 하면 잘할 수 있을까?'를
고민해보자.

— • —

6월 8일

───────•───────

〈미생〉의 장그래처럼 살아보자.
그 누가 뒷말을 한다 해도
묵묵히 내 할 일을 하며
내 길을 걸어가자.

7월 23일

———•———

누구 옆에 있느냐도 중요하지만
내가 누구냐도 중요해.
내가 먼저 좋은 사람이 되자.
좋은 사람이
나를 알아볼 수 있게.

6월 7일

—— · ——

우울한 생각이 들 때는
격렬하게 운동하자.
내 몸이 마음의 고통을
나눠 질 수 있도록.

7월 24일

———— • ————

NO PAIN, NO GAIN
고통 없이는 성장할 수 없어.

고통, 좌절, 슬픔, 분노는
성장의 씨앗들.
자, 씨앗을 심었으니
자라나보자!

6월 6일

——— · ———

일이 잘 풀리지 않을 때는
좋아하는 노래를 들으며 걷자.
고개를 들어
자연의 변화를 만끽하자.
마음에도 신선한 바람을
쐬어주는 거다.

7월 25일

사람을 의심하자.
그리고
그와 동시에 사람을 믿자.
추함도 아름다움도
모두 사람으로부터 나오므로.

6월 5일

———•———

주변에 가장 가까운
열 사람을
떠올려봐.
그 열 사람을 합한 게
바로 내 모습이래.

7월 26일

———— • ————

하루에 한 시간씩 특정 분야의 책을
매일 읽으면
3년 후, 그 분야의 준전문가는
될 수 있다.
끌리는 분야를 내 것으로 만들자.

6월 4일

오늘 하루도 고생 많았어.
이리저리 치이느라
많이 힘들었지?

오늘 속상했던 일은
이 페이지에 다 내려놓고 가.
그리고 아무 상처도 없는 것처럼
내일 다시 시작하자.

7월 27일

물은 100℃에 끓는다.
많은 사람들이 99℃에서 포기한다.
그러니까 포기하고 싶은 순간,
그 1℃를 생각하자.

6월 3일

———•———

다시 돌아와도 괜찮아.
그래도 가보는 거야.
$0°$와 $360°$는 같은 자리지만
천지 차이니까.

7월 28일

———————•———————

벽을 내려치느라
아까운 시간을
낭비하지 말라.*

그 벽이 문으로
바뀔 수 있을 때까지
노력을 하라.**

* 발헬 에로드
** 워싱턴 어빙

6월 2일

여행보다 예쁜 소비.
언제까지고 여행이나
일탈을 할 순 없으니
적어도 밥그릇, 칫솔, 필통 같은
매일 보는 물건은
예쁜 걸로 사자.

7월 29일

—•—

나무를 베는 데
8시간이 주어진다면
나는 도끼를 가는 데
6시간을 쓸 것이다.[*]

오늘,
나의 도끼를 잘 갈아보자.

* 에이브러햄 링컨

6월 1일

———— · ————

몇 년 전에 힘든 일 있었지?
근데 뭐 때문에 힘들었는지
생생하게 기억나?
기억 안 나지?
그래 다 지나가는 거야.
지금 고민도 마찬가지야.

7월 30일

———•———

나는 왜 이렇게 화가 많을까?
이렇게 생각한다면
나의 분노를 사랑하자.
분노는
긍정적인 변화를 일으키는
에너지원이니까.

6월

다 지나가는 거야

7월 31일

—— · ——

변하지 말아야 할 것.
변해야 할 것.
성공의 비결은
이 둘을 구분할 줄 아는 것.

5월 31일

이번 달도 고생한 나에게
정성스런 선물을 하자.
은인 대하듯 나 자신을 대해보자.

August

8월

다음 생은 없어.
이번 생에 다시 태어나자!

5월 30일

뻔한 말 같아도
오늘 너에게 필요한 말.
"너는 잘하고 있어.
너는 잘될 수밖에 없는 사람이야."

8월 1일

———— • ————

다시 태어난다는 건
다음 생을 말하는 게 아니야.
관점을 약간 달리하면
오늘도 너는
다시 태어날 수 있어!

5월 29일

——— · ———

나는 오늘 성공을 임신 중이다.
그러니 내 몸에 맛있는 걸 넣어주자.
성공이 무럭무럭 자랄 수 있도록.

——— · ———

8월 2일

———— • ————

만족스러운 삶이란?
일하려고 책상 앞에 앉았는데
걱정되는 일이
하나도 없는 상태.

5월 28일

부정적인 생각이
스멀스멀 올라올 때,
마음아, 노래를 불러라.
오늘 다시 한 번
파릇파릇해지게!

8월 3일

———— • ————

일할 때 가장 중요한 것은
그저 '매일 하는 것'.
어쩌면 그것이 전부일지도.

5월 27일

———— • ————

성공으로 가는 엘리베이터는
고장입니다.
당신은 계단을 이용해야만 합니다.
한 계단 한 계단씩.*

*조 지라드

8월 4일

———— • ————

아침에 일어나는 게 힘들다면,
정말 좋아하는 음식을
미리 준비해두고 자기.
혀를 즐겁게 하면
뇌가 반응할 거야.

5월 26일

오늘 펑펑 울다가도
내일은 또
환하게 웃을 일이 생기는 거.
무슨 일이 일어날지
알 수 없는 인생이여,
너는 참 아름답구나!

8월 5일

———— • ————

싸우지 않는 것보다는
싸워서 패배하자.

경험은 생각보다
귀중한 무기.

자, 오늘도 잘 싸우자,
패배하더라도 부딪혀보자.

5월 25일

실력은 계단식이다.
더딘 것 같지만
어느 날 한 계단씩
쑥 올라가는 때가 온다.
그러니 제자리걸음 같아도
매일매일 꾸준히 해보자.

8월 6일

———— · ————

'준비가 다 되면 해야지'는 틀렸어.
나의 재능을 발견했다면
그냥 냅다 질러.
그러면
어떻게든 굴러가게 돼 있어.

5월 24일

———•———

그 하룻밤, 그 책 한 권
그 한 줄이
인생을 바꿀지도 모른다.*
그러니 지금 이 순간이
얼마나 소중한지!

* 니체

8월 7일

---·---

피곤하다는 건
열심히 일했다는 징표.
열심히 일한 내 몸에
휴식을 주는 것도
잊지 마.

5월 23일

———— · ————

끊임없이 존재 가치를
증명해야 하는 건
직장인의 숙명.
기왕 그래야 한다면
타인이 아니라
나 자신에게 증명하자.

8월 8일

———•———

다른 사람이
바뀌길 기대할 시간에
나를 바꾸려고
한번 더 노력하자.
즉, 나나 잘하자.

5월 22일

한 명의 신뢰를 얻었다는 건
250명의 신뢰를 얻는 것과 같대.*
그 반대의 경우도 있어.
그러니까 어떤 일이 있어도
사람들의 인심을 잃지는 말자.

*조 지라드의 법칙

8월 9일

·

사랑받을 때,
가장 잘나갈 때 말을 아끼자.
이때야말로 겸손의 미덕,
가진 자의 여유를 보여줄 때야.

5월 21일

——— • ———

갓생을 살기 위해 필요한 말.
완벽한 건 필요없어.
오늘 할 일만 생각하자.
지금 내가 할 수 있는 일만
생각하자.

8월 10일

———•———

돈을 목표로 삼기 전에
내가 하는 일을 그냥 사랑하자.
그러면 돈은
저절로 벌리게 돼 있어.

5월 20일

———•———

집과 집 사이의 공간.
나무와 나무 사이의 공간.
사람과 사람 사이의 공간.

집, 나무, 사람보다 중요한 건
그 공간이다.
힘들 땐 그 공간에 들어가 쉬자.

8월 11일

———•———

싫어하는 사람이 있다면
'아 싫다~'라고 생각하기 이전에
'저 사람한테
배울 점이 있다면 뭘까?'를
생각해봐.
생각보다 재미있을 거야.

5월 19일

———— • ————

도저히 동기부여가 안 될 땐
일부러 좋아하는 사람을 만들어봐.
사람을 바꾸는 건
결국엔 사람이더라.

8월 12일

만사가 귀찮고
오늘 하루가
너무 지겹게 느껴진다면
딱 하루만 굶어봐.
하루 만에 살고 싶어질 거야.

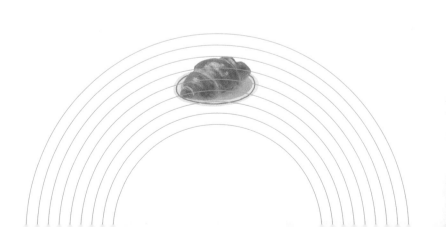

5월 18일

———•———

울고 싶을 땐 울자.
내 슬픔도 타인의 슬픔처럼
공감해주자.

8월 13일

진짜 내가 좋아하는 일을
하게 되면 말이야.
'나는 도대체 뭘 좋아할까?'라는
고민 따위는 하지 않게 돼.

IQ보다, 집안 환경보다
더 중요한 게 있다.
그것은 바로 '메타 인지'.
내가 모르는 것을
정확히 안다는 것은
얼마나 중요한가!

8월 14일

너무 간절하면
오히려 이루어지지 않아.
어깨에 힘을 빼고, 마음을 내려놓고
'밑져야 본전'이라는 정신으로
다시 시작하자.
오히려 일이 술술 풀릴 거야.

5월 16일

—————•—————

지금 여기서 포기하고 싶어?

그건 말이야.
너의 실패를 예견한 사람들에게
당신이 옳았다고
인정하는 거야.

8월 15일

———•———

나의 주권을 내가 갖는 것.
나라의 주권을 지키는 것만큼
힘든 거야.
타인에게 보여주지 않아도
스스로 충만한 독립된 자아.
너는 이걸 갖고 있니?

5월 15일

—— • ——

슬플 땐
행복한 상상으로 도망가자.
마치 강아지 꿈속에
들어가 있는 것처럼.
동화 속
주인공이 된 것처럼.

8월 16일

만약 별로 좋아하지 않는 일을
해야 한다면
좋아하는 사람들과 함께
이 고통을 나누자.
얼굴만 봐도 유쾌해지는
사람들을 곁에 두자.
그것만으로도 세상이 살 만해지니까.

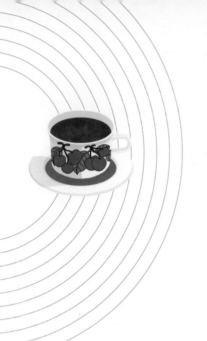

5월 14일

——— • ———

시련과 불안을
하나하나 이겨나가다 보면
내가 잠재운 시련과 불안이
나를 지킨다.

8월 17일

일에 집중하는 순간만큼은
내 인생의 하이라이트.
오늘도 몰입하자. 빠져들자.
이것이 바로
내 인생의 주인공이 되는 법.

5월 13일

우리가
바람을 바꿀 수는 없지만
돛을 다르게 펼 수는 있다.*
타인을 바꿀 수는 없지만
나 자신을 바꿀 수 있다.

* 아리스토텔레스

8월 18일

———•———

사람이 아무리 힘들어도
자기만의 아름다운 세계를
구축하고 있다면
그 안에서 쉴 수 있어.

너는
어떤 세계를 갖고 있니?

5월 12일

———•———

날 죽이지 못하는 고통은
날 더 강하게 만든다.[*]
그러니 고통으로
심해까지 가라앉았다면
그곳에 잠자고 있는
보물상자를 발견해보자.

[*] 프리드리히 니체

8월 19일

인생에 공짜가 없다는 건
그냥 진리.
부모의 사랑조차도 공짜는 아니다.
이걸 받아들이면
이미 성숙한 인격이 된 거야.

불가능해, 자존심이 말했다.
위험해, 경험이 말했다.
해결책이 없어, 이성이 말했다.
한번 해보자, 심장이 속삭였다.*

*윌리엄 아서 워드

8월 20일

———— • ————

인생은
'make'가 아니라 'search'다.
나에게 맞는 것들을
찾아가는 여정.
오늘 그중 하나를 찾아볼까?

5월 10일

———•———

그럼에도 불구하고
감사합니다.
오늘 이 멋진 하루를
선사해주셔서.
우린 모두 초긍정 멋쟁이들!

8월 21일

일이라는 건
결국 사람을 아는 과정.
일을 잘한다는 건
함께 일하는 사람들의 마음을
잘 읽는다는 뜻.

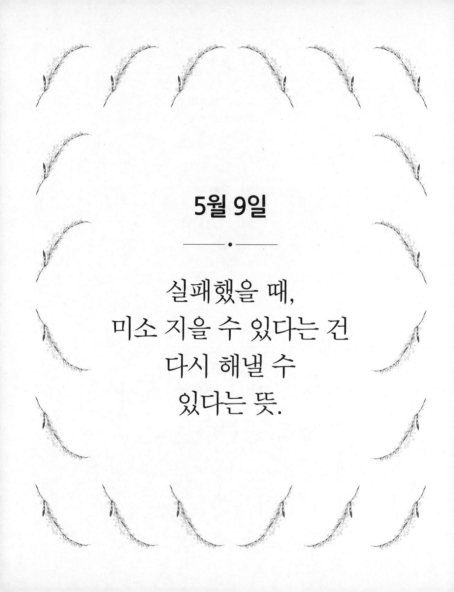

5월 9일

실패했을 때,
미소 지을 수 있다는 건
다시 해낼 수
있다는 뜻.

8월 22일

나는 왜 일하는가?
솔직히 잘 모르겠어.
하지만 일하면서
살아갈 이유를 찾아가보려고 해.

5월 8일

힘들 때 생각해보자.
내가 나 자신의 딸이라면,
아들이라면
뭐라고 말해줄까?

8월 23일

———•———

잘되는 사람은
표정만 봐도 티가 나.
세상에 먼저 미소를 보내.
세상도 머지 않아
너에게 미소 지을 거야.

5월 7일

———•———

중요한 건
꺾이지 않는 마음.

그보다 더 중요한 건
'꺾여도 하는 마음!'

8월 24일

———•———

행동은 공포를 지운다.
행동하라.
기다리지 말아라.
완벽한 준비는 불가능하다.*

* 도미니크 글로슈

5월 6일

기억해.
넌 별의 조각으로 만들어졌고
그 누구도 그걸
빼앗아 갈 수 없다는 걸.*
그러니 자, 이제
네가 빛날 차례라고!

* 나사 인스타 캡션

8월 25일

———•———

오늘도 실패하기 위해서 일하자.
실패는 과정.
더 나은 사람이 되는
가장 빠른 지름길.

5월 5일

—— • ——

오늘은 어린 시절의 나에게
말을 걸어보자.
안녕~ 5살의 나.
그동안 살아내느라 애썼어.
나는 네가 진심 자랑스러워.

8월 26일

———•———

오늘 하루
일해서 얻은 성취가
오늘의 나를 만들며
오늘의 내가
내일의 나를 만든다.

5월 4일

———•———

지금 내가 지쳤다는 건
내가 가장 성장했다는 증거다.

8월 27일

———— • ————

어떤 일을 달성하기로 결심했다면
그 어떤 지겨움과 혐오감도
불사하고 완수하라.
고단한 일을 해낸 데서 오는
자신감은 실로 엄청나다.*

* 아널드 베넷

5월 3일

———•

사람은 전생에
자기가 사랑한 얼굴로 태어난대.*
그러니까 거울 속
내 얼굴을 보고
"○○야, 사랑해!"라고 말해주자.

* 이석원, 〈보통의 존재〉 중에서

8월 28일

———— • ————

바쁜 사람은
눈물 흘릴 시간도 없다.[*]

*바이런

5월 2일

아름다움은 항상 내 곁에 있어.
해가 저물 때,
달이 뜰 때 하늘을 한번 쳐다봐.
꽃보다 더 예쁘게 피어난
해와 달을 볼 수 있을 거야.

8월 29일

절대 허송세월 보내지 마라.
책을 읽든지, 쓰든지
기도하든지, 명상하든지
항상 뭔가를 해라.*

*토마스 아 켐피스

5월 1일

---·---

너는 3억분의 1이라는
어마어마한 확률로
인간으로 태어났어.
그러니 자부심을 가지자.

8월 30일

———•———

한가지 뜻을 세우고 그 길로 가라.
잘못도 있으리라.
실패도 있으리라.
그러나 다시 일어나서
앞으로 나아가라.
반드시
빛이 그대를 맞이할 것이다.*

*칸트

May

5월

3억분의 1이라는 확률로 태어난 당신

8월 31일

———— • ————

일하고 실패하고
다시 도전하자.
내 일을 사랑하자.
그게 우리가 살아가는 이유의
전부다.

4월 30일

———— • ————

누군가 너에게 해악을 끼치거든
앙갚음하려 들지 말고
강가에 고요히 앉아 강물을 보라.
머지않아
그의 시체가 떠내려 올 것이다.[*]

[*] 노자, 〈도덕경〉 중에서

September

9월

우리 인생은 모두 누군가의 각주

4월 29일

———— · ————

잘 배운 사람의 다정함이 좋아.
학력 이야기가 아니라
존중이 몸에 밴 사람,
자기 말에 책임질 줄 아는 사람.
그런 사람만 곁에 두고 싶어.

9월 1일

ㆍ

누군가 나에게 들려준
아름다운 말이 있어?
만약 그런 말이 있다면
꼭 기록해두자.
그 말이 내 마음속에
불씨처럼 살아남아,
불꽃처럼 아름답게 밤하늘을
수놓을 날이 곧 올 거야.

4월 28일

우리는 '그러라지 뭐 어때'
마인드가 필요해.

걔 너 싫다는데?
→ 그러라지 뭐 어때.

걔 너 뒷담화 깠대.
→ 그러라지 뭐 어때.

자매품 : 내비 둬~. 그러다 알아서 인생 조지겠지.

9월 2일

———·———

누구나 그런 사람을 사랑해.
내 안에 다른 가능성을
발견해준 사람.
그런데 더 중요한 건 말이야.
내가 변화될
준비가 돼 있느냐는 거야.

4월 27일

무례한 사람에게는
똑같이 무례하게 대해줘.
호의를 당연하게
생각하는 사람은
호되게 데일 필요가 있어.

9월 3일

———— · ————

그 어떤 기회가 온다고 해도,
그걸 잡는 것은 셀프.
행운도 누가 내 손에
쥐어주는 게 아니야.
내가 내 손으로 움켜쥐어야 해.

4월 26일

———— • ————

내가 힘들 때
응원해주는 사람보다는
내가 정말 잘나갈 때
축하해주는 사람이 중요해.
10배는 힘든 일이거든.

9월 4일

———— • ————

어디까지나 성공은 솔로 게임.
괜찮은 조력자를 만나도
내 인생의 구원자는
거울 속 나 자신이야.
자, 오늘부터 나는 내 편이다!

4월 25일

———•———

사람들은 자기보다
10배 잘나면 그를 헐뜯고
100배가 되면 그를 두려워하며
1,000배가 되면 고용당하고
10,000배가 되면 그의 노예가 된다.*

* 사마천, 〈사기〉 중에서

9월 5일

모든 이가 선생이고,
모든 곳이 학교다.
모든 사람들의
말과 행동에 배움이 있다.
다만 내 귀가 열려 있다면.

4월 24일

———•———

진짜 강한 사람은 복수하지 않아.
그저 무시할 뿐이야.
그 누구보다 행복하자.
원수들이
나를 우러러볼 수 있도록.

9월 6일

———•———

할까 말까 망설여질 땐
이렇게 해보자.

그 일을 한 후,
기분이 좋을 것 같으면
GO.
왠지 기분이
나빠질 것 같으면
STOP.

4월 23일

———— • ————

간섭과 오지랖은
관계를 망치는 습관.
그걸로 사람이 바뀌지 않는다는 거,
너도 이미 알고 있잖아?

9월 7일

———————•———————

아무리 훌륭한 사람도
시시한 면이 있고
별 볼 일 없는 사람도
훌륭한 면이 있어.
선인도 악인도
그렇게까지 훌륭하지도
그렇게까지 나쁘지도 않아.

4월 22일

———•———

귀한 사람일수록
선인장 다루듯이 해야 해.
너무 물을 자주 줘서도 안 되고
손을 자주 타서도 안 돼.

9월 8일

—————•—————

누구를 만나든
그 사람이 주는 에너지는
축적되고 전파된다.
나는 타인에게
어떤 에너지를
발산하는 사람일까?

4월 21일

———— • ————

가장 매력적인 사람은
혼자서도 안정적으로
잘 지내는 사람이야.

9월 9일

다정한 말 한 마디가
옥시토신을 분비한대.
하는 사람도 듣는 사람도.

오늘은 아무런
이해관계가 없는 사람에게
다정한 말 한 마디를 건네보자.
내 몸에
심리 실험을 해보는 거야.

4월 20일

시간이 있어서
오는 사람과
시간을 내서
오는 사람을 구분하자.

9월 10일

———·———

남에게 상처를 주는 사람들은
대부분 상처를
많이 받은 사람들이야.
살면서 그런 사람을 만나면
연민을 발휘하자.
단 호구는 되지 말고.

4월 19일

———·———

생존을 위해 돈을 좇는다고
비웃지 마라.
내 한 몸 잘 건사하는 것.
하루하루에 최선을 다하는 것.
그것만 잘해도
자기 인생의 히어로다.

9월 11일

———·———

말을 하기 전에
그 말이 세 개의 문을
통과하게 하세요.

첫 번째 문은 "그 말이 사실인가?"
두 번째 문은 "그 말이 필요한가?"
세 번째 문은 "그 말이 따뜻한가?"*

* 수피 속담

4월 18일

그 사람의 진면모를 알고 싶으면
일단 아주아주, 다정다감하게
잘해주면 돼.
가짜는,
가면을 벗고 군림하려 들 거고
진짜는,
또 다른 호의로 보답하려 할 거야.

9월 12일

———•———

별거 아닌 말이 마음에
콱 박힐 때가 있잖아.
그때가 바로 내 인생의 터닝포인트야.
기회가 왔다면 놓치지 마.
자, 변신할 준비가 됐지?

4월 17일

있다고 다 보여주지 말고
안다고 다 말하지 말고
가졌다고 다 빌려주지 말고
들었다고 다 믿지 마라.*

* 셰익스피어, 〈리어왕〉 중에서

9월 13일

———— • ————

외모보다는 표정.
몸매보다는 자세.
화려한 언변보다는 말투.
이 세 가지만 챙겨도 너의 매력은
수직 상승할 거야.

4월 16일

──────•──────

사람이 싫어서
혼자가 좋아진 사람들은
실은 사람을 누구보다
사랑하고
아꼈던 사람들이야.

9월 14일

우리 위장에는
100조 개 이상의
세균들이 살고 있대.
세균을 없앨 수는 없다는 말이지.
도움이 되는 세균을 늘리는 수밖에.
인간관계는
이 세균과 똑같아.

4월 15일

———— • ————

사람은 배신할지 모르지만,
일은 배신하지 않아.
가장 의리 있는 친구처럼 말이야.

9월 15일

———— · ————

당신에게
최고의 모습을 기대하는
사람만 만나라.[*]

*조던 피터슨

4월 14일

'내가 원래 이런 사람이니까
네가 이해해'
라고 말하는 사람은 거르자.
'원래 이러니까
앞으로도 민폐 끼칠 거야'
라고 말하는 것과 똑같으니까.

9월 16일

———— · ————

정말 무서운 건 말이야.
누군가를 싫어하면서
나도 모르게 그와 닮아가는 거야.
그러니 닮고 싶은 사람을 만들어.
그리고 날마다 그 사람을
일부러 흉내 내는 거야.

4월 13일

습관적으로 험담하는 사람들의
말로는 끔직해.
함께 험담하던 사람들마저
등을 돌릴 테니까.

9월 17일

———— · ————

"사람들은 옳은 사람 말 안 들어.
좋은 사람 말을 듣지."*
그래서 결국에는 기버(giver)가
승리하는 거야.
모두 다 약아빠진 세상이기에.
사람들은 테이커(taker)를
금방 알아보고 걸러내거든.

*최규석, 〈송곳〉 중에서

4월 12일

말이 많으면 탈이 많은 법.
말수만 좀 줄여도
문제의 반은 줄어들어.
오늘 충조평판*부터 버려보자.

*충고, 조언, 평가, 판단의 약자로 정혜신의 〈당신이 옳다〉에 나온 단어다.

9월 18일

—————— • ——————

왜 나한테만 일이 몰리냐고
왜 나만 이렇게 바쁘냐고
투덜대고 있다면 들어봐.

그런 사람일수록 존재감이 빛나.

넌 지금 무채색이 아니라
무지갯빛으로 살고 있는 거야.

4월 11일

———— • ————

모든 사람에게
친절할 필요는 없어.

호인이 되려다가
호구 되기 십상이야.

나를 존중하는 사람,
공감 능력이 뛰어난 사람.
이런 사람한테만 잘하자.

9월 19일

———— · ————

나이 들었다고 해서
다 지혜롭지 않고
어리다고 해서 다 미숙하진 않다.
그 누구에게도 배울 수 있고
친구가 될 수 있다.

4월 10일

———·———

달이 되지 말고 해가 되자.
누군가 나를 비춰주기를
바라지 말라는 거야.
내가 스스로 빛나면 돼.
그러면 언제나 빛날 수 있어.

9월 20일

———•———

어떤 영화를 보는데
같은 장면에서 웃을 수 있는 친구.
같은 장면에서
눈물을 흘릴 수 있는 친구.

이런 친구 하나쯤 있다면
당신은 진정한 인생 승리자.

4월 9일

—— · ——

세상에 당연한 건 없다.
부모의 사랑도 당연한 게 아니다.

내가 누리는 모든 평화도
누군가의 노동 덕분이다.
나는 이걸 알고 나서
훨씬 편안해졌어.

9월 21일

———·———

책임감(responsibility)은
응답하는(response)
능력(ability).
책임감이 없는 사랑은
사랑이 아니다.
사람에 대한 사랑이든
일에 대한 사랑이든.
오늘 응답하는 사람이 되자.

4월 8일

———•———

기대가 있기 때문에
실망하는 거야.
그러니 실망하기 싫다면?
기대 자체를 하지 않으면 돼.

9월 22일

빨리 가려거든 혼자 가라.
멀리 가려거든 함께 가라.
외나무가 되려거든 혼자 서라.
숲이 되려거든 함께 서라.*

*인디언 속담

4월 7일

———— · ————

좋기만 한 사람이 세상에 있을까?
누군가를 좋아하면
그 사람한테 언젠가는
반드시 실망하게 돼 있어.

9월 23일

———— •

내 마음을
내가 잘 모르겠을 때는
정확하게
아는 방법이 있어.

3분 동안만 눈을 감고
내 몸한테 물어봐.
몸은 거짓말을 하지 않거든.

4월 6일

나이 먹어가면서 알게 된 것들.

1. 사람은 쉽게 안 바뀐다.
2. 다 챙기려 들면 아무도 못 챙긴다.
3. 아니다 싶은 관계는
   그냥 아닌 거다.
4. 모든 사람에게 좋은 사람이 되면
   모두에게 좋은 먹잇감이 된다.

9월 24일

———•———

우리 인생은
모두 누군가의 각주.

하늘 아래 새로운 것은 없어.
성공과 패배, 흥망과 성쇠.
다른 이들의 인생을 들여다봐.
네가 해야 할 일이
분명히 보일 거야.

4월 5일

---•---

실력의 기본은 성실.
이것만 잘 지켜봐.
시간이 갈수록
승자는 네가 될 거야.

9월 25일

———— · ————

모두들 말하지.
말보다 행동이 더 중요하다고.
그런데 말이야.
행동을 만드는 원동력은
바로 말이다.
좋은 문장을 발견했다면
내 것으로 만들자.
그것이 나를 움직이게 만들 테니까.

4월 4일

——— • ———

나도 누군가에겐
도저히 이해할 수 없는
'이상한 사람'이란 걸 기억하자.

9월 26일

———— • ————

사람들이 가장 좋아하는 사람은
자기 말을 제대로 들어주는 사람이다.
그래서 설득은
말로 하는 것이 아니라,
귀로 하는 것.
호감을 얻고 싶다면 귀를 이용하자.

4월 3일

—————— • ——————

'조개껍데기는 녹슬지 않는다.'

천성이 어질고 착한 사람은
주변의 악한 것에
물들지 않는다는 뜻이야.
명심하자. 진짜 가진 사람은
상처받지 않아.

9월 27일

마흔이 되면 자기 얼굴에
책임을 져야 한다는 말이 있잖아.
그건 표정이 삶의 흔적을
말해주기 때문일 거야.
지금 거울 속의 내 표정을 봐.
그 얼굴은 바로 당신이 만든 거야.

4월 2일

나를 싫어하는 사람이 있다면
Let it be!
좋아해달라고 애걸복걸할 이유도,
나도 너 싫다고 미워할 이유도,
왜 싫어하는지 이해할 이유도 없어.

9월 28일

사람을 대할 때는
불을 대하듯 하라.
다가갈 때는 타지 않을 정도로,
멀어질 때는 얼지 않을 만큼만.*

* 디오게네스

4월 1일

———•———

원래 사람은
이익과 손해를 기준으로 움직여.
사람 때문에 실망했다면
그냥 이 원리를 곱씹어봐.

9월 29일

———— • ————

살다 보면 결정적인 순간에
"아니요"라고 말해야 할 때가 있어.
그 순간이 너에게 닥치면
'미움받을 용기'를 발휘하자.
인간관계의 좋은 거름망이 될 거야.
단 아무 때나 쓰지는 말고.

April

4월

귀한 사람일수록 선인장 대하듯

9월 30일

———— • ————

한 달 동안 고생한 나에게
응원가를 불러주자.
오늘 내가
나의 치어리더가 되어 외쳐주자.
"○○야, 너를 믿는다!"

3월 31일

———————•———————

착하게 살아도 욕먹고
못되게 살아도 욕먹어.
어차피 욕먹는 인생.
하고 싶은 대로 하면서 살면 돼.

October

10월

자존감은 통장 잔고 같은 것

3월 30일

―――― • ――――

질문하는 것.
응답하는 것.
이것이 사랑의 전부다.
사랑하고 사랑받고 싶다면
두 가지만 잘하면 돼.

10월 1일

———— • ————

자존감은 통장 잔고 같은 것.
매일 매일 쌓아두면
복리가 점점 쌓여.
살면서 때때로 급전이 필요할 때
꺼내다 쓰면 되는 거야.

3월 29일

———•———

사랑도 받아본 사람이
받을 줄 아는 거야.
사랑받는 데 서투르다면
받는 연습을 하자.

잘 받아야
또 사랑이 오는 거니까.

10월 2일

———·———

행복해지는 방법은
저마다 설명서가 달라서
섣불리 가이드라인을
제시할 수 없어.
읽는 방법도 제각각이라
정답도 없지.
그러니 모두들 커닝 금지!
평가 금지!

3월 28일

———— • ————

가족들에게조차
만만한 사람이 되지는 마.
쉽게 건드릴 수 없는
아우라가 있는 사람.
그런 사람이 되자.

10월 3일

———•———

무미건조한 순간과
인생의 위기에 연연하지 말자.
지금 우리는
한 권의 책을 쓰고 있으니까.
어느 명작도 재미없는 문장
차마 눈 뜨고 보기 힘든
에피소드쯤은 있는 법이야.

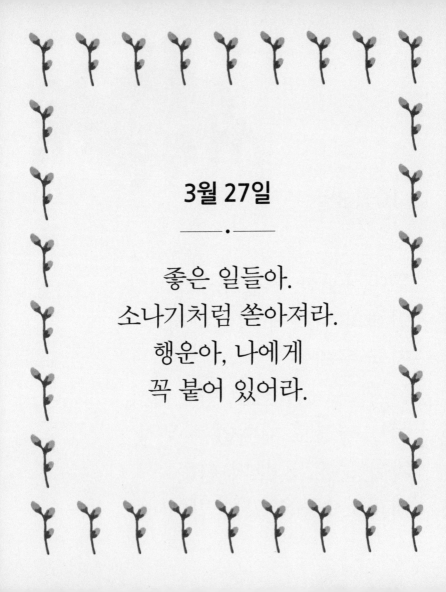

3월 27일

————— • —————

좋은 일들아.
소나기처럼 쏟아져라.
행운아, 나에게
꼭 붙어 있어라.

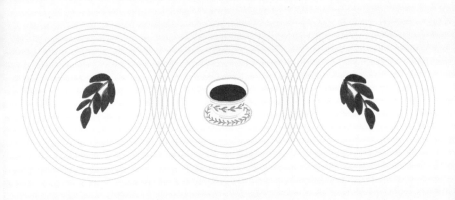

10월 4일

———•———

긍정적으로 생각하자는 건
무조건 좋게 보는 게 아니다.
있는 그대로를 인정하는 거.
그것이 진짜 긍정.

3월 26일

———— • ————

뭐든 오래 하다 보면
오지라퍼들은 사라지고
성공한 너 자신과
결과만 남을 거야.

10월 5일

———·———

실력이 비슷하다면
그때부터는 멘탈 싸움이다.
나의 희로애락을 제대로 아는 것.
멘탈은
그곳에서 단단해진다.

3월 25일

———— · ————

너무너무 힘들어서
도저히 지속할 수 없을 때,
10초, 20초, 30초만 더 버텨봐.
코어 근육은
바로 이때 생기는 거야.

10월 6일

자존감 통장 잔고를 늘리는
방법이 있어.
승리에 익숙해지는 거.
작은 승리부터 야금야금.
뭐든 할 수 있는 일부터 해내는
습관부터 차근차근.

3월 24일

————•————

'잘 될 거야'라고
진심으로 나를
응원해주는 사람.
그 한 사람이 있다면
너는 이미 승자.

10월 7일

———·———

기쁜 일이 생겨도
너무 흥분하지 말고
슬픈 일이 생겨도
너무 슬퍼하지 말자.

기쁨 속에 슬픔이,
슬픔 속에 기쁨이
들어 있다는 걸
알아채는 사람이 되자.

3월 23일

————— · —————

인생 공부는
결국에는 사람 공부야.
타인의 욕망과 슬픔을
이해하는 것.
이걸 제대로 이해하면
성공할 수밖에 없어.

10월 8일

———•———

자존감과 허세가
어떻게 다른지 알아?
허세는 타인에게
보여주기 위한 거지만
자존감은 나 자신에게
보여주는 거라는 거야.

3월 22일

———— • ————

오늘은 나 자신을
라이벌 대하듯 해보자.
깍듯이 예의를 지키고,
퇴로를 차단해서
내가 나를 이겨보는 거야.

10월 9일

친구의 성공에 축하보다는
질투심이 올라올 때
누군가의 스캔들을 은근히 즐길 때
내 안의 '르상티망'을 인정해보자.
원래 사람은
그렇게 훌륭하지가 못하다.
나도 사람이니까, 그럴 수 있다.

3월 21일

—— • ——

인생에 정답은 없어.
누군가 네 삶은 틀렸다고
지적질하면
가볍게 무시해줘.
우아한 미소와 함께 말이야.

10월 10일

가장 가까운 사람도
타인처럼 대해보자.
타인 대하듯 예의를 차리고
존중의 언어를 쓰자.
이것만 잘해도 많은 문제가
해결될 것이다.

살면서 나를 배신하지 않는 것.

1. 좋아하는 일로 얻은 성과.
2. 좋아하는 일로 모은 돈.
3. 그 일을 계속 할 수 있는 체력.

10월 11일

때로는
나 자신에게도 타인 대하듯
말을 걸어보자.
타인에게 식사를 대접하듯
나 자신을 먹이자.
내가 나를 존중하는 연습을 할수록
자존감은 쌓여간다.

3월 19일

———•———

걱정되는 일이 생겼어?
그렇다면
몸을 바삐 움직여.
그러다 보면
걱정할 겨를이 없어지니까.

10월 12일

예의 바르면서도 반항적일 수 있고
자기중심적이면서도
협조적일 수 있다.
그렇게 할 수 있다면
이미 내 안에 묵직한 자존감이
자리 잡혀 있는 것이다.

3월 18일

---·---

넌 머지않아 예쁜 꽃을 피울 거야.
조금만 더 버티자.
조금만 있으면
가장 예쁜 소식이 들려올 거야.

10월 13일

———·———

그 누구에게도
조건 없는 사랑을 갈구하지 말 것.
나 자신도 나에게 해줄 수 없는 걸
타인에게 기대하지 마.
관계의 동력은 노동.
해준 게 없다면 기대도 하지 마.

3월 17일

—————— · ——————

성공도 습관이야.
아주 작은 성공 습관을 쌓아가자.
아침 10분 독서 같은
작은 습관 말이야.

그 습관이 저절로
너를 승리로 이끌 거야.

10월 14일

————— • —————

매일 한 번씩 속으로 외치자.
'침대에서 일어나자.
모든 걸 바꿀 수 있다.'
'나는 어제보다
오늘 더 나아질 거야.'

3월 16일

———— · ————

항상 네가 잘됐으면 좋겠어.
더 빛나라.
내내 찬란해라.
이 세상 가장 찬란하고
빛나는 꽃을 피워라.

10월 15일

인생은
속도가 아니라 방향.
어디로 가야 하는지만
명확하다면
더 이상
방황할 필요는 없어.

3월 15일

엄마에게 듣고 싶은 말이 있어?
있으면 침대 머리맡에
써서 붙여놓자.

"○○야,
너는 잘될 수밖에 없는 아이야."

10월 16일

———— • ————

자기 일을 열심히 하면
주변에 좋은 사람은
자연스럽게 모인다.
"저 사람한테 맡기면 확실해."
일단 이런 여론이 형성되었다면
이미 된 것이다.

3월 14일

———— · ————

돈(자본)에도
여러 종류가 있어.
문화 자본, 지식 자본,
외모 자본, 언어 자본,
그리고 그냥 자본.
내가 추종하는 게 뭔지
잘 생각해봐.

10월 17일

내가 생각하는 성공한 인생이란?
자신이 원하는 만큼 다 해본 사람.
성공도 실패도
골고루 맛봐서
더 이상 후회가 없는 사람.

3월 13일

세상에서 가장 큰 숫자의 간격은?
0과 1 사이.
딱 한 번 해봤다면
백 번, 천 번, 만 번도
할 수 있다는 뜻이니까.

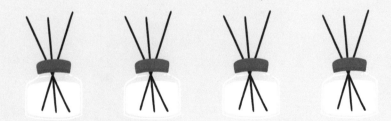

10월 18일

방금 우리 집에서 사람이 죽었어.

그건 바로 남들 눈치나 보던 '나'.
내일부턴 새로운 '나'로 태어날 거야.
가고 싶은 길을 가는 '나'로.
세상의 잣대에 휘둘리지 않는
강인한 '나'로.

3월 12일

———•———

내 욕망에 솔직해야 돼.
내가 나 자신을
속이는 것만큼
어리석은 건 없어.

너만의 분야에서
일인자가 되면 돼.

그렇게 되면 네가 무슨 말을 해도
사람들이 박수 칠 거야.
악플마저도 희뭇해질 거야.

3월 11일

———— • ————

대화에서
말을 더 많이 하는 쪽이
승자가 아니야.

말을 줄이고 귀를 열어봐.

진짜 승자는 대화를 통해
자아를 확장하는 사람이야.

10월 20일

·

도광양회(韜光養晦)
; 자신의 재능을
밖으로 드러내지 않고
인내하면서 때를 기다리자.*

* 덩샤오핑

3월 10일

'큰 사람'은 함부로
부러워하지 않는다.
미국 대통령도
사는 건 똑같이 힘들다.
나는 '큰 사람'이다.
함부로 부러워하지 않는다.

10월 21일

우리는 올리브 열매와 흡사해서
짓눌리고 쥐어짜인 뒤에야
최상의 자신을 내놓는다.*
그러므로 불편함과 바쁨을
도구라고 생각해보자.
최고의 나를 이끌어내기 위한.

*보후밀 흐라발, 〈너무 시끄러운 고독〉 중에서

3월 9일

————— • —————

자기를 정말 존중하는 사람은
타인을 비웃지 않아.
자기 욕망에 솔직하기 때문에
타인의 욕망도 이해하게 되거든.

10월 22일

——— · ———

음식, 수면, 운동
이 세 가지 없이
나를 바꾸긴
낙타가 바늘구멍을
통과하는 것보다 힘들어.
몸은 생각보다 힘이 세서
나도 모르게
나를 지배하니까.

3월 8일

———————•———————

내가 나를 믿는다면
이미 이긴 것이다.
어차피 한 번 사는 인생.
나를 믿고 한번 가보는 거야.

10월 23일

별거 아닌 일에도
괜히 짜증이 난다면
내 몸이 아프다는 신호를 보내는 것.
몸만큼 정직한 것은 없다.
그 신호를 알아채고 치료해주자.

3월 7일

—————•—————

물방울이 바위를 뚫는 건
힘이 아니라 꾸준함 때문이야.
끝까지 가자.
너는 잘 해낼 거야.

10월 24일

성공한 사람이 운이 좋았다고
쉽게 말하지 마.
운이 좋다는 건
그만큼 피나는 노력을 했다는
증거니까.
우러러보지도 폄훼하지도 말고
있는 그대로 인정하기.
그것이 진짜 세련된 자존감이다.

3월 6일

---•---

모든 인간은
보석을 갖고 태어난대.
단지 그걸
발견하지 못할 뿐.
오늘 내 안에 있는 보석을
발견해볼까?

10월 25일

———•———

성공하는 지름길은
다른 사람을 행복하게 하는 법을
터득하는 것.
"사주세요"가 아니라
저절로 사게 만드는 것.
그래서 사람 공부는 평생 해야 해.

3월 5일

—————•—————

뭘 봐도 거기서
장점을 발견하는 사람이 있고
정반대로
단점만 발견하는 사람이 있어.
너는 어느 쪽이야?

10월 26일

지금 너의 라이벌은
거울 속에 비친 네 모습.
이겨내야 할 유일한 사람은
불안에 떨고 있는
너 자신.

3월 4일

———— · ————

뭔가를 얻으려면
뭔가는 꼭 버려야 해.
얻고 싶은 게 있다면
버릴 때 뒤돌아보지 마.

10월 27일

———•———

마음이 불안한 건
꿈이 부서졌기 때문이 아니라
꿈을 이뤄나가는
과정이기 때문이야.

3월 3일

———— • ————

내가 뭘 좋아하는지 알려면
어떻게 해야 할까?
이것도 해보고 저것도 해보는 거야.
기회를 놓치지 말고
무조건 'yes!' 하고 전진해봐.

10월 28일

"기어를 중립에 넣으면
차는 기울어진 방향으로 간다."
이 문장을 보고
망설이는 마음을 접고
다시 한번 힘차게 이 길을
걸어가기로 했어.

3월 2일

오늘 뭔가를 시작한다면
용기 있는 척, 자신감 있는 척
연기해보는 거야.
할리우드 배우가 된 것처럼!

10월 29일

인생의 목적은
돈도 인기도 아닌
사실 완전한 '자기 자신'이 되는 것.
누구의 흉내도 내지 않고.
내가 내가 되는 것.

3월 1일

———————•———————

좋아하는 일을 하기 전에
해야 할 일이 있어.

그건 바로
내가 뭘 좋아하는지
파악하는 거.

10월 30일

———— • ————

사람들이 라이벌에게서
가장 큰 상처를 받을 때는
그가 나보다 잘했을 때가 아니라
나 혼자 상대방을
라이벌이라 생각했다는 걸
깨달았을 때다.*

* 크리스티아누 호날두

March

— **3월** —

자신감 있는 척 연기하는 거야

10월 31일

산책 나온 강아지처럼 웃어보자.

매일 걷는 거리도 처음 걷는 것처럼.
매일 보던 나무도 처음 보는 것처럼.

10월의 마지막 날은
그렇게 한번 해보는 거야.

2월 28일

———•———

좋은 와인은 건조한 땅에서 자란
포도로 만든 거래.
그러니까 스트레스를 받는 날은
이렇게 생각해봐.
'오늘도 내가
맛있게 익어가고 있구나~.'

November

11월

흔들린다는 건 살아 있다는 증거

2월 27일

———— · ————

아침 1분 기도로
하루를 시작해봐.

'오늘 하루
내가 도전한 일에
축복이 따르길.
나의 용기에
행운이 따르길.'

11월 1일

인간의 피부 세포는
매일 4천만 개씩 죽는대.
다른 말로 하면 매일 4천만 개씩
새로운 세포가 생기는 격.
이 말만으로도 희망적이지 않아?
나는 날마다 변하고 있어!

2월 26일

노력도 안 하면서 성공하고 싶어?
그건 도둑놈 심보야.
먹고 싶은 대로 다 먹으면서
살 빼고 싶은 거랑 똑같다고.

11월 2일

---·---

강하면서도 선한 사람.
그런 사람이 주변에 있다면
귀감으로 삼자.
아무리 찾아도 주변에 없다면
내가 그런 사람이 되려고
노력하면 돼.

오늘은 모르는 사람에게
친절을 베풀어봐.

그 사람의 미소를 보는 1분.
지옥이 천국으로 바뀔 거야.

11월 3일

———— • ————

사람들이 돈을 갈망하는 건
잘살기 위해서라기보다는
무시당하지 않기 위해서가 아닐까?*
그러니까 만약 타인의 시선에서
자유로울 수만 있다면
돈보다 훨씬 더
강력한 무기가 있는 셈이야.

*애덤 스미스

2월 24일

때로는 'plastic love' 노래 가사처럼
살아도 돼.
사랑, 실연, 상처에 파묻혀서 말야.
청춘이 아니면 언제 해보겠어?

11월 4일

———— · ————

왜 인생을
바다에 비유하는지 알겠어.
늘 수평선이 보이는 것 같지만
날마다 끊임없이
새로운 일이 벌어지잖아.

2월 23일

---·---

아무리 못해도
10년 동안 꾸준히 버티면
중간 이상은 돼.

그러니까
악으로 깡으로 버텨!

11월 5일

———•———

변화엔 두 가지 종류가 있다.
깊어지거나 상하거나.
나는 깊어지고 있는가,
상하고 있는가.

2월 22일

———·———

못한다고 안 하게 되면
더 못하게 되는 거.

그게 바로 부익부 빈익빈이야.

11월 6일

———— · ————

어떤 사람에게는
재능이 흉기가 된다.
내 삶의 무기로
누군가를
상처 입히지 않는 것.
그것이 우리가 공부하는
진짜 이유.

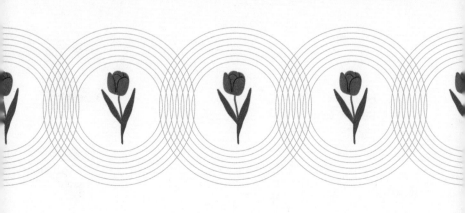

2월 21일

——— • ———

오늘 하루 최선을 다했어?
그렇다면 나의 직관을 믿자.
나란 사람. 아이돌 데뷔 말고는
다 할 수 있다고!

11월 7일

———————•———————

비행기가 뜰 수 있는 건
공기의 반작용 때문이라는 걸
잊지 마.

2월 20일

재능보다 더 중요한 게
뭔지 알아?
그건 나의 재능을 알아봐주는
사람을 만나는 거.
오늘 그 사람을 찾아보자.
열심히 하다 보면
분명 내 앞에 나타날 거야.

11월 8일

꼭 뭔가가 되어야 한다는
생각은 없어도 돼.
세상을 수용하는 열린 마음.
새로운 나를 발견하겠다는
호기심.
이 두 가지만 갖고 있다면
오늘도 멋진 하루가 될 거야.

2월 19일

———•———

좋아하는 일을 하지 않아도
행복해지는 비결이 있대.
그건 바로 내가 하는 일을
좋아하는 거야.*

*앤드류 매튜스

11월 9일

———— • ————

이별이 두려워서
사랑하지 못하는 사람은 바보.
실패가 두려워서
시작하지 않는 사람은 더 바보.

2월 18일

그러니까 오늘 하루
짠맛을 단맛으로 바꿔보자.

'호밀밭의 파수꾼'은 못 되어도
'내 인생의 파수꾼'은
될 수 있어.

11월 10일

가장 서글픈 사실 중의 하나는
사람이 하루에 여덟 시간씩
매일 할 수 있는 일이란
일밖에 없다는 사실이다.*

*윌리엄 포크너

소금이 바다의 눈물인 거 알아?
우리는 매일 매일 눈물을 먹고 살아.
그러니까 인생이
이렇게 짠맛인 거야.

11월 11일

—•—

절약과 인색은 다르다.
나의 가치를 싸게 팔지 않듯
타인의 가치를
싸게 사려고 하지 말자.
돈 버는 법뿐 아니라
돈 쓰는 법을 공부하자.

2월 16일

———— • ————

인생은 원래 제멋대로고
세상은 원래 불공평해.
상처는 인생의 디폴트 값이야.
이걸 인정하면
진짜 어른이 된 거야.

11월 12일

———— · ————

오늘은 나를 사랑하고
내가 사랑했지만
지금은 만나지 않는 사람들에게
고마운 마음을 전하며
하루를 시작해보자.
그들의 인생을 축복해보자.
나의 성숙한 인격을 드러내보자.

2월 15일

먹고 싶은 게 있으면 참지 마.
그건 내 몸이 보내는 신호니까.
인생 별거 있어?
좋아하는 사람이랑
맛있는 거 먹는 거.
그게 행복이야.

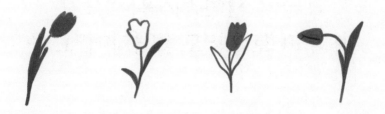

11월 13일

———— ·

사람들은
일 잘하면서도
빈틈 있는 사람을 좋아해.
잘난 사람을
동경하면서도
너무 잘난 사람들한테
질리기도 했거든.
그러니 완벽주의는 금물.
약간의 빈틈은
오히려 매력이 될 거야.

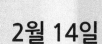

2월 14일

———— • ————

오늘 내가 하는 일이
좀 엎어져도
내가 망한 건 아니야.
그러니까 괜찮아.
괜찮아.

11월 14일

수집하고 선별하고 버리고.
다시 수집하고 선별하고 버리고.
인생은 세 가지 작업의 무한 반복.
그러니까 수집할 땐
배고픈 짐승처럼.
버릴 땐 마음을 비운 도승처럼.

2월 13일

———•———

너무 지쳤을 땐
집으로 돌아온 주인을 반겨주는
강아지처럼 내가 나에게
꼬리를 흔들어주자.
그럼 지옥이
천국으로 바뀔 거야.

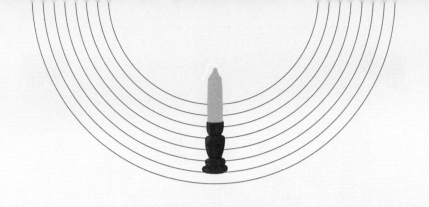

11월 15일

———— • ————

세상에 바뀌지 않는
단 한 가지 진리는
변하지 않는 것은 없다는 것이다.

2월 12일

———— • ————

아무리 생각해도
행복했던 순간이
생각이 안 난다고?

그럼 그런 순간을
오늘 만드는 거야.
5분, 10분이라도 말이야.

11월 16일

---·---

마음아, 달아나자.
절망이
나를 삼키지 못하도록.
이 골짜기만 넘으면
'잘 될 일'만 있을 거야.

2월 11일

진짜 너무 지쳤을 땐
내 인생에서
가장 행복했던
한 순간을 떠올려봐.
그런 한 순간은
잠보다 더한 보약이자,
우울증 치유제이자
자양 강장제니까.

11월 17일

—————•—————

나무는 겨울에 살아남기 위해
더 이상 이파리로
영양분을 공급하지 않는대.
나무처럼 꼭 필요한 데
쓰기 위해 에너지를 비축하자.
낙엽을 떨어뜨리듯,
불필요한 것들을 나에게서
떨어뜨리자.

2월 10일

─────•─────

적이 생겼다고 해서
너무 걱정할 필요는 없어.

적이 없다는 건 오히려
별 볼 일 없다는 뜻일 수 있으니까.

11월 18일

—————•—————

거울 속 나를 칭찬하면서
하루를 시작해보자.
칭찬할 게 없다면
만들어서라도 칭찬하자.

칭찬이 습관화되면
칭찬받기 위해서라도
힘든 일을
견딜 수 있게 되니까.

2월 9일

·

나 자신과의 약속을
잘 지키면 말이야.
그 약속들이 나를 지켜주는 때가
반드시 올 거야.

11월 19일

———— • ————

만약 누군가의
질투와 시기를 받는다면
그건 네가
더 베풀어야 한다는 뜻이야.
소득이 많은 사람이
더 많은 세금을 내야 하는 것과
같은 이치.

2월 8일

죽고 싶을 땐 이렇게 생각해.
내가 지금도 살아 있는 건
'10살, 20살, 30살의 내가
어떻게든
버텨주었기 때문이다.
그 아이들을 위해서라도 버텨보자.
오늘 하루만.'

11월 20일

무기력의 특효약은

자기효능감.

내가 쓸모 있다고 느끼는 감정.

사실 인생은

자기효능감을 찾는 여정이다.

오늘도 그 가닥 중

하나를 찾아보자.

2월 7일

———— • ————

살다 보면 지는 날도 있어.
아무리 잘하는 운동선수도
반드시 지는 날이 있는 것처럼 말야.
중요한 건 잘 지는 거야.
잘 져야 진짜 이기는 법을
배울 수 있어.

11월 21일

세상은
끝없이 펼쳐지는 바다.
파도가 밀려오면 서핑을 하고
물에 빠지면
조개라도 건져 올리자.

2월 6일

실패한 사람들은 안 된다고만 해.
근데 성공한 사람들은
'일단' 해보라고 하지.

누구 말을 들을 거야?

11월 22일

결국, 내가 변해야 해.
바꾸려면 철저히 바꿔.
극단적으로 얘기해볼게.
부모님, 가족, 사랑 빼고
관점을 다 바꿔.

2월 5일

———— · ————

지난날의 선택을
후회하지 마.
그때 실패했기 때문에,
오늘 더 성숙한 내가 된 거야.

11월 23일

이기적인 인간들 때문에
쓸쓸할 때는
인간이 생존을 위한
동물이라는 걸 상기해보자.
그러면 덜 힘들어.
기대치가 낮으니
덜 실망하게 되거든.

2월 4일

———— • ————

정신건강에 좋은 말.
'뭐 어때.
내가 좋으면 되지.'

이렇게만 말해도
기분이 달라져.
그거면 됐어.

11월 24일

———•———

바뀌는 걸 두려워하지 말고,
바뀌지 않는 걸 두려워해야 해.

2월 3일

———— · ————

겨울을 땅속에서 보낸 양파가
훨씬 더 단맛이 강한 거 알아?
사람도 그래.
그러니까 겨울을 잘~ 견뎌보자.

11월 25일

———— • ————

안목과 취향.
그것은 그 사람의 모든 것이다.
그 안에 그 사람의
경험, 관록, 가치관
그 모든 것이
비쳐 보이니까.

2월 2일

———•———

아침에 거울을 보면서 웃어봐.
그러면서 말해.
"아, 선물 같은 하루가 시작됐어.
오늘도 시작해볼까?"

11월 26일

——•——

두려워하지 마.
세상 모든 건 막상 알고 나면
별거 아니야.
그러니 해보자.
시작이 반이라고 생각하고
일단 덤벼보자.

2월 1일

Be aggressive.
공격수가 될래, 수비수가 될래?
수비수 역할만 하다 보면
평생 남 눈치에서 못 벗어나.
그러니까 오늘은 무조건
공격수로 살자.

11월 27일

———•———

가장 똑똑한 종이 아니라
가장 변화에 적응하는
종이 살아남는다.*
그러니 변할 수밖에
없다는 걸 전제로 하고
하루를 시작하자.
오늘 아주 작은 변화라도
실천해보는 거야.

*찰스 다윈

February

2월

Be aggressive!

11월 28일

———— · ————

흘리지 못한 눈물이 있다면
오늘 흘려버리자.
슬픈 영화를 봐서라도 기어코.
마음속에 눈물이 남아
뇌를 적시지 않도록.

1월 31일

———·———

살다 보면
내가 찌그러진 동그라미처럼
느껴질 때가 있어.
그때는 그냥 구부러지는 거야.
혹시 알아?
동그라미가 별 모양으로 바뀔지.

11월 29일

———•———

흔들리면 흔들리는 대로
나는 계속 이 인생의 길을
걸어갈 거야.
어쩌면 흔들린다는 건
살아 있다는 증거.

1월 30일

———•———

내가 행복해야
남을 괴롭히지 않을 수 있어.
그러니까 남한테 잘하려고
애쓰기 전에
나 자신한테 잘하자.

11월 30일

———— · ————

오늘은 한 달 동안 고생한 나에게
새로운 경험을 선사해보자.
전혀 새로운 장소,
새로운 사람을 만날 수 있는 경험.
뇌에 새로운 전파를 전달하자.

1월 29일

———•———

매일 한다고 다 잘되는 건 아니야.
근데 매일 하지 않으면
그 기회조차 빼앗긴 채
살아가겠지.

December

— 12월 —

나에게는 든든한 내가 있다

1월 28일

———•———

성공하려면 버려야 할 말.

할 수 있었는데.
할 수 있을까?
할 수 있을 것 같은데…….

12월 1일

———•———

정해진 운명 같은 건 없어.
"나의 운명은
내가 만든 습관이다"라고 되뇌어봐.
올해 남은 한 달 뒤,
몰랐던 내 모습을 만나게 될 거야.

1월 27일

—·—

반복은 천재를 낳고
믿음은 기적을 낳는다.

나 이 말이 되게 좋아.
원래 그냥 무작정 하는 사람이
제일 무섭거든.

12월 2일

———•———

무슨 일이 일어나도 괜찮아.
나에게는
든든한 내가 있으니까.
내가 나를 믿으니까.

1월 26일

오늘 할 일만 생각해!
내일은 생각하지 마.
그렇게 하루하루가 쌓이면
원하는 인생을 살게 될 거야.

12월 3일

꽃을 건네듯 말을 건네자.
말을 할 때마다
입술에서 꽃 한 송이가
튀어나오는 것을 상상하며.
나에게도, 타인에게도.

1월 25일

성공이라는 건
복권 같은 거야.
샀다고 100%
당첨되는 건 아니지만
사지 않으면
아무 일도 일어나지 않아.
매주 복권을 사듯,
매일 노력해야 하는 건
똑같다고.

12월 4일

———— • ————

내가 나를 믿어준다면
뭐든 될 거야.
이 겨울이 지난 후
봄이 오는 것처럼.
이제 너의 계절이 시작될 거야.

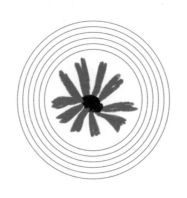

1월 24일

―――・―――

스트레스(stressed)를 거꾸로 하면
디저트(desserts)잖아.
그러니까 입에 맛난 거 물고
'하면 된다.
스트레스가 사라진다'라고 말해봐.

12월 5일

———— • ————

돈을 쓰면서 행복해지고 싶다면
세 가지만 기억해.

첫째, 남들에게 보여주기 위한
소비는 하지 않는다.

둘째, 불필요한데 싸다고
사지 않는다.

셋째, 돈을 쓸 때는
기쁜 마음으로 쓴다.

1월 23일

———•———

게는 살아 있는 동안
허물을 서른 번이나 벗는대.
살아남기 위해서는
내가 나를
버려야 할 때가 있어.

12월 6일

———•———

나쁜 기억을
100% 지울 수는 없어.
그 대신 밀어낼 수는 있어.
새로운 좋은 기억을
만들어서 말이야.

1월 22일

'실패했다.'
노력했다는 증거.

'어떡하지?'
그만큼 진심이라는 증거.

'할 수 있을까?'
차츰 해낼 거란 증거.

12월 7일

———— · ————

좋아하는 사람의
장례식장에 가보면 알게 된다.
더 이상 그를 위해
해줄 수 있는 게 없다는 걸.
그러니 살아 있을 때
마음을 표현하자.
사랑한다고 말하자.

1월 21일

질투하는 사람이 되고 싶어,
질투받는 사람이 되고 싶어?
후자가 더 낫다면
전자가 되지 마.

12월 8일

—————•—————

일상이 지겹다는 생각이 든다면,
뇌가 새로운 자극을 달라고
시위하는 거야.

새로운 전시회,
음악회, 경기장에 가보자.
내 몸에 색다른 피를
수혈해주는 거야.

1월 20일

———•———

뭐든 시작할 땐
'놀이'라고 생각해봐.
회사 가는 건 '회사원 놀이'
창업하는 건 '사장 놀이'
그러면 인생이
훨씬 재미있어질걸?

12월 9일

상처받았다는 것은
그만큼 나의 면역력이
강해졌다는 뜻.
무균 상태에서 자란 생물보다
세균에 노출된 생물이
더 강하듯이.
그만큼 내가 더 성장했다는 증거.

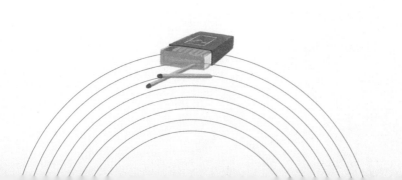

1월 19일

중요한 건
실패한 바로 그 순간이야.
다시 일어서기만 한다면
다시 성공할 기회가 열리거든.
꽃이 지고 나서
열매가 맺는 것처럼 말이야.

12월 10일

───•───

정말 누군가의 이야기를
들어야 할 때는
상대에 비친 내 모습을
생각하지 않기.
그다음에 내가 할 말을
생각하지 않기.
진심을 다해
듣기에 온 신경을 집중하기.

1월 18일

하기 싫어도 해내야 할 때,
"근데 어쩌겠어. 해내야지"라고
소리 내서 말해봐.

그러면 다시 시작할 힘이 날 거야.

12월 11일

———— • ————

'내가 할 수 있을까?'

'응, 넌 충분히 할 수 있어.'

1월 17일

———— • ————

모든 실패는 경험과 동의어.
실패는 곱씹으면 상실감을 부르지만
경험을 곱씹으면
노련한 인생을 살 수 있어.

12월 12일

비가 그친 뒤,
땅에서 피어오르는 흙냄새에는
치유 효과가 있대.
나에게 그 냄새를 선물하자.
이것이 나를 사랑하는 방법.

1월 16일

———·———

어른이 되면
누구보다 멋지게 살 줄 알았던
어린 시절의 나에게 말을 걸어본다.

"미안해. 그리고 약속할게.
더 멋진 어른이 되어줄게."

12월 13일

———•———

혼자가 편하다는 건
이상한 게 아니야.
그만큼 내가
나 자신을 좋아한다는 거야.
혼자서도 안정감을 느끼는 사람은
그 누구와 함께 있어도
안정적인 사람인 거야.

1월 15일

———·———

어제 내린 소나기를
오늘 맞을 필요가 없듯
내일 장마 소식에
오늘 우산을 쓸 필요는 없잖아.
친구야.

오늘이 가장 좋은 날이란 걸
잊지 마!

12월 14일

—————•—————

네 시간을 존중하지 않는 사람은
너도 소중히 생각하지 않는 사람.
그런 사람에게
시간 낭비할 필요는 없겠지?

1월 14일

———— • ————

혹시 안 되는 이유를 찾고 있어?
그럴 시간에 그냥 해.
일단 하면 죽이 되든 밥이 되든
뭐든 될 테니까.

12월 15일

————•————

왠지 만나고 나면
묘하게 기분이 나쁜 친구.
그럴 땐 나의 기분을
최우선 순위에 두자.
영혼이 말하고 있는 거야.
그 친구는 아니라고.

1월 13일

———— • ————

河己失音 官頭登可
(하기실음 관두등가)

하기 싫을 땐 내가
강물이 되었다고 상상해봐.
그저 흐르기만 하면

된다고 말이야.
흐르다 보면 언젠가
어떻게든 될 거라고 말이야.

12월 16일

—————•—————

남을 위한 착한 사람이 아닌
나를 위한
좋은 사람이 되어 살아가자.
오늘도 나를
사랑하는 연습을 하자.

1월 12일

사과가 되지 말고 토마토가 되자.

사과처럼 겉은 붉고

속이 흰 사람보다는

토마토처럼 겉과 속이

똑같이 붉은 사람이 되어보자.

12월 17일

내 인생의 주인이 되는
비법 하나.
무슨 일이 생겨도,
누가 내 신경을 건드려도
'내 기분은 나에게 달렸다'라고
속으로 주문 외기.

1월 11일

하기 싫어도 일단 해.
감정은 사라져도
결과는 영원히 남을 테니까.

12월 18일

———•———

먼저 내가 나 자신에게
다정해지자.
다정하게 말을 걸고
다정하게 웃어주자.

1월 10일

시작하기가 어려우면
대충이라도 하자.
대충이 중요한 게 아니라
'시작'했다는 게 중요한 거야.

12월 19일

———•———

내 고통을 완전히 이해받으려고
애쓰지 말 것.
누구나 자신만의 지옥을
걷고 있는 거야.
내가 타인의 고통을
완전히 이해할 수 없듯이,
그 누구도 나의 고통을
온전히 알 수 없어.

1월 9일

———————— · ————————

'다 잘될 거야' 말고
'오늘 좀 못하면 어때,
결국엔 잘될 건데'라고 생각해봐.
어때? 한결 기분이 좋아졌지?

12월 20일

———•———

최고가 되려고 하기보다는
대체 불가능한 사람이 되자.
침묵해도 존재감이 빛나는 사람.

1월 8일

다 안다고 착각하지 말고
매일 공부를 하자.
그렇지 않으면 한순간에 아둔해져.
남의 떡이 커 보이고,
쉽게 열등감을 품게 될 거야.
그러면 인생에 늘 먹구름이
껴 있을 거야.

12월 21일

·

가장 가까운 열 사람의 평균이
내 모습이라면
그들의 잘난 모습에
위축될 필요는 없지 않을까?

1월 7일

그러니까 정말 성공하고 싶다면
남을 탓하고 싶은 마음을 버려봐.
이것만 실행해도 인생은
180도 바뀔 테니까.

12월 22일

———— • ————

돌아올 걸 기대하고
베풀지 말자.
기대는 필연적으로
실망을 부르니까.
타인에 대한 기대는
언제나 비워두는 거야.
나 자신에 대한
기대치만 있으면 돼.

1월 6일

남 탓을 하면 마음이 편해져.
내 책임이 없어지니까.
하지만 그건 내 삶의 주도권을
남한테 던져주는 거랑 똑같아.

12월 23일

너는 항상 함께였다.
기쁠 때 함께 웃어줬고
슬플 때 함께 울어줬다.

24시간 나와 함께해준
바로 '나'라는 사람.
너에게 부끄럽지 않은 내가 될게.

1월 5일

---·---

아침에 일어나자마자
처음 들은 노래가
하루 종일 생각날 때가 있잖아.
그러니까 눈 뜨자마자
나 자신한테 말해줘.
"오늘 넌 무조건 잘할 거야."

12월 24일

———————— • ————————

아름다운 것을 보기 위해서는
눈이 아름다운 것이지 않으면
안 된다.[*]
아름다움을 발견하는
크리스마스 이브가 되길 바랄게.

* 가스통 바슐라르, 〈물과 꿈〉 중에서

1월 4일

오늘은 누가 뭐라 해도
무조건 'yes'라고 한번 해봐.
깜짝 놀랄 만한 일이
생길지도 모르니까.

12월 25일

사랑합니다.
미안합니다.
용서하세요.
고맙습니다.

오늘은 감사한 분들에게
이 문장을 보내자.
뻔한 말 같지만 제대로 표현한다면
나도 상대방도 마음이
녹아내릴 거야.

1월 3일

———— • ————

움직일 힘을 잃었을 때,
해파리는
수면 위를 둥둥 떠돌 때가 있대.
그래! 그러니까
어느 날 살아갈 이유가
생각이 안 나도
이렇게 유영하며 살면 되는 거야.

12월 27일

———— • ————

공짜에 목매지 마.
그래봤자 집안에
싸구려 물건만 늘어날 뿐이야.
내가 나를 귀하게 여겨야
남들도 그렇게 대해준다는 걸
잊지 마.

1월 1일

새해가 밝았다고
갓생을 살 필요는 없어.
그냥 한 번도 안 해본 일을
시작해보는 거야.
그것만으로도 충분해.

12월 28일

———— · ————

몸은 익숙한 걸 좋아한다.
비록 그것이
나 자신을 해치는 것일지라도.
그러므로 내 몸을
사소한 행복으로 중독시키자.
아침에 일어나는 일,
밤에 잠자리에 드는 일마저도
행복하다고 느끼도록.

January

— 1월 —

오늘, 한 번도 해보지 않은 일을 해봐

12월 29일

돈을 벌었다는 건
그만큼 타인의 행복에
이바지했다는 증거.

한 해 동안 일하느라
고생한 나에게 말해주자.
"올해도 이만큼이나 애썼다.
네가 너무 대견해. 자랑스러워."

일러스트 **모리**(MoLEE)

일러스트레이터, 그래픽 디자이너.
인생에서 가장 중요한 건 특별한 이벤트라기보다는 하루하루의 행복.
소소한 일상도 그녀의 손을 거치면 우아하고 사랑스럽고 포근해진다.
그냥 스쳐 지나가는 평범한 순간이 멋있고 맛있고 아름답기를 바라며 작업 중이다.

인스타그램
@molee_heeni

12월 30일

오늘은 한 해를 마무리하면서
필요 없는 물건을 버리는 날.
지난 1년 동안
한 번도 쓰지 않은 물건을 고르자.
그리고 나서 과감하게 버려보자.

지은이 이평

이평(利坪, 이로운 공간)이라는 필명으로 매일 저녁 사람들에게 다정한 글 한 끼를 대접한 지 벌써 7년째. 인스타그램 구독자 120만 명(총 50여 개 채널), 전작 〈모든 사람에게 사랑받을 필요는 없다〉, 〈관계를 정리하는 중입니다〉가 베스트셀러로 등극하며 많은 독자들의 마음을 울린 바 있다. '타인에게 미움받을까 봐 자기 자신을 사랑하지 못한다면 그보다 더 큰 손해는 없다'는 그의 메시지는 관계 때문에 힘들어하는 사람들에게 큰 에너지원이 되어주었다.

〈꽃을 건네듯 나에게 말을 건네다〉는 나 자신을 아무 이유 없이 존중해주자는 그의 메시지를 담은 작품으로 365일 아침마다 나 자신을 응원하는 꽃의 문장으로 채워져 있다. 1년 365일 그의 문장과 함께하다 보면 어느새 자존감으로 충만한 나 자신을 발견할 수 있을 것이다.

인스타그램 대표 채널들
@text_pyeong @ennie_pyeong @flower_pyeong
@flower_words03 @book_pyeong

12월 31일

마음에도
비무장지대가 필요해.
경쟁으로 지친 나를
쉬게 해주는 숲.
1년 동안 고생한 나에게
숲을 선물하자.
오늘은 그 숲에 들어가서
편히 쉬는 거야.

Poten-up Publishing Co.

내가 원하는 나를 만나는 곳

인스타그램 @for10up에서 다양한 책 소식을 만나보세요.

꽃을 건네듯
나에게 말을 건네다

매일 아침, 나를 응원하는 자기 확신의 언어 365

1판 1쇄 발행 | 2023년 11월 10일
1판 3쇄 발행 | 2024년 11월 11일

만든 사람들
지은이 | 이평
일러스트 | 모리(MoLEE)
기획·편집 | 박지호   마케팅 | 김재욱
디자인 | design PIN

ISBN 979-11-984764-0-1 02190

펴낸이 | 김재욱, 박지호
펴낸곳 | 포텐업
출판등록 | 제2022-000323호
주소 | 서울시 마포구 월드컵로7안길 20 302호(04022)
전화 | 070-4222-1212 팩스 | 02-6442-7903

원고 투고 및 독자 문의 | for10up@naver.com
인스타그램 | @for10up
블로그 | https://blog.naver.com/potenup_books
포스트 | https://post.naver.com/potenup_books

아무 이유 없이 나 자신을 존중하자.
응원하자.
그리고 사랑하자.

— 이평